Lindi Masters · Lizzie Masters

ES GIBT EINEN BAUM DES LEBENS IN MEINEM KÖRPER

Geschrieben von
Lindi Masters©

Illustriert von
Lizzie Masters©

"ES GIBT EINEN BAUM DES LEBENS IN MEINEM KÖRPER"
Copyright© 2025

Geschichte geschrieben von Lindi Masters
Illustriert und gestaltet von Lizzie Masters
Übersetzt von Susanne Scott und Anne Reising

Titel der Originalausgabe: There's a Tree of Life inside of me.

Ein besonderer Dank geht an unsere Mentoren und Freunde Ian Clayton und Grant Mahoney, ohne die wir diese himmlischen Bereiche niemals erkundet hätten.

Alle Rechte vorbehalten. Kein Teil dieser Veröffentlichung darf ohne vorherige Genehmigung des Urheberrecht-Inhabers in irgendeiner Form vervielfältigt werden; weder fotokopiert noch mit elektronischen oder mechanischen Mitteln, einschließlich Informationsspeicher- und Abfragesystemen gespeichert, aufgezeichnet oder übertragen werden. Kein Teil dieses Buches, einschließlich der Illustrationen, darf ohne die schriftliche Genehmigung des Herausgebers in irgendeiner Weise verwendet oder reproduziert werden.

Lindi Masters   Lizzie Masters

ES GIBT KEINEN RAUM
DES LEBENS IN MEINEM
KOFFER

Dieses Buch gehört:

_____

In meinem Körper ist ein Baum des Lebens.
Er hat viele verschiedene wichtige Stellen.
Mein Körper ist der Tempel des Heiligen Geistes.

Wenn ich über die verschiedenen
Stellen in meinem Körper bete,
richtet sich mein Körper danach aus.
Ausrichtung bedeutet etwas in die
richtige Ordnung zu bringen.

Wusstest Du, dass dein Kopf ein Tor ist und eine Krone hat?
Wenn ich über meinen Kopf bete, bringe ich Ausrichtung.

Ergebt, ihr Tore, eure Häupter, und erhebt euch, ihr ewigen Pforten.
Psalm 24: 9

Eine wichtige Stelle ist mein rechtes Ohr. Auch hierüber bete ich. Diese Stelle wird Weisheit genannt. Danke Jeschua für Weisheit in meinem Körper.

Gesegnet sind diejenigen, die Weisheit finden.
Sprüche 3:13 a

Auch mein linkes Ohr ist so eine Stelle in meinem Körper. Dieser Stelle heißt Verständnis. Danke Jeschua, dass du mir Verständnis gibst.

Nenne die Klugheit deine Freundin.
Sprüche 7: 4 b

Ich bringe auch Ausrichtung, wenn ich über die Stelle in meiner Brust bete. Diese Stelle nennt sich Wissen. Wissen ist wie Klebstoff, der Informationen zusammen klebt. Weisheit und Verständnis verbinden sich in meinem Wissenspunkt.

Die Stelle in meinem Bauch wird Herrlichkeit genannt.

Hier befinden sich meine Gefühle.

Manchmal fühlt es sich wie Schmetterlinge in meinem Bauch an oder ich spüre Aufregung oder auch Traurigkeit. Um Frieden und Ausrichtung zu bekommen, bete ich über meinen Bauch.

Wer an mich glaubt, wie die Schrift gesagt hat, aus seinem Leibe (Bauch) werden Ströme lebendigen Wassers fließen.

Johannes 7:38

Auf meiner rechten Hüfte befindet sich eine Stelle, die Sieg heißt. Wenn ich über diese Stelle bete, bringt es Ausrichtung und Ordnung in meinen Körper.

Aber Gott sei Dank, dass er uns den Sieg gegeben hat durch Jeschua.
1 Korinther 15:57

Über die linke Stelle an meinem Körper bete ich gerne, sie befindet sich an meiner linken Hüfte.
Diese Stelle setzt Ehrfurcht in meinem Körper frei, ein Wundern und Staunen.

Eine tiefe Ehrfurcht vor Gott erfüllte alle Menschen [...], und er wirkte durch die Apostel viele Zeichen und Wunder.
Apostelgeschichte 2:43

Unterhalb meines Bauchnabels befindet sich auch so eine Stelle, die Ordnung in meinen Körper bringt. Diese Stelle bringt Jahwes Kreativität in mich hinein.

Kreativität ist auch ein Teil meiner Vorstellungskraft. Die Vorstellungskraft hat Türen, durch die wir gehen können. So können wir uns mit Jeschua im Himmel verbinden und ihm begegnen.

Auch an meinen Knien und Füßen ist so eine Stelle.
Wenn ich über diese Bereiche meines Körpers bete, bringe ich Ruhe in mich hinein.
Es bringt mich und die Erde in Einheit mit dem Himmel.

Ja, die gesamte Schöpfung wartet sehnsüchtig darauf, dass die Kinder (Söhne) Gottes in ihrer ganzen Herrlichkeit sichtbar werden.
Römer 8:19

In meinem Körper ist ein Baum des Lebens.
Ich liebe meinen Körper.
Ich bin wunderbar gemacht.
Ich bin freundlich.
Ich bin stark.
Mein Körper ist der Tempel des Heiligen Geistes.

Das ist das sechste Buch einer Kindersachbuchreihe, das Kinder ermutigen wird, die verschiedenen Bereiche des Königreiches Jahwes zu entdecken und zu erleben.

Gemeinsam schauen wir uns den Baum des Lebens genauer an.

www.ingramcontent.com/pod-product-compliance
Lightning Source LLC
Chambersburg PA
CBHW041120070526
44584CB00002B/226